北魏平城

丝路文物

大同市博物馆 编

山西出版传媒集团
三晋出版社

编委会

前言

北魏平城时代，北魏王朝的首都平城不只是塞北草原与中原的结合部，还是东西文明的交汇处。

北魏太延五年（439），太武帝拓跋焘率军围姑臧城（今甘肃省武威市），北凉国王沮渠牧犍出降，北方重新统一，河西走廊重新打通，首都平城成为这一时期丝绸之路东端的起点，异域胡商络绎不绝，珍奇珠宝、玻璃器、金银器以及佛教造像源源不断地输入平城，极大地促进了中西方文化的交流与融合。

近年来，大同地区出土了大量北魏时期的金银器、玻璃器、石刻、陶塑等文物，很多具有典型的西域文化元素，反映了平城时代的东西文化交流。

大同市博物馆是一座地志性博物馆，藏品多，且富有地方特色。本书以馆藏文物为主，汇集约160件/套北魏文物珍品，较为系统地展示了大同地区所见北魏时期的丝路文物。这些文物不仅是北魏时期丝路畅通的直观反映，也是那个时期珍贵的历史文化实证，让我们可以更真切地了解北魏时期平城的繁盛和中西方文化的交流。这也是出版本书的意义所在。

玻璃器 玛瑙 宝石

目录

金属器

陶器

石雕

北魏平城

丝路文物

金属器

八曲银杯

北魏〔386—534〕

最长口径 23.8 厘米，宽 14.5 厘米，底径 5.4 厘米，高 4.5 厘米
1970 年大同市城南轴承厂北魏窖藏遗址出土

八曲花式杯口，每曲都较深，凹入器腹，在口沿处又向器内盘曲，形成花瓣状，花瓣形矮圈足。杯底雕两只相搏的怪兽，外壁有大夏文铭文，现仅可释读“XOSO 拥有”部分文字。该器形制独特，应为大夏银器，在国内甚为罕见，是经丝绸之路输入的异域珍品，其风格直接影响了唐代的金银器，为研究中外文化交流提供了珍贵的实物资料。

狩猎纹鎏金银盘

北魏景明二年〔501〕

口径 18 厘米，底径 4.5 厘米，高 4.1 厘米
1981 年大同市小站村北魏封和突墓出土

敞口，弧壁，矮圈足。盘内雕狩猎图，外饰三周弦纹。狩猎者为典型的波斯贵族形象，深目高鼻，络腮长须；头戴半弧形冠，边饰联珠；冠后有萨珊式飘带；戴璎珞、耳饰、手镯；腰带上挂箭筒，足蹬半长筒靴。猎者双手横执一矛，矛尖已刺入一野猪右额，右脚反踹由后方袭来的野猪，另有一头野猪正从前方的芦苇丛中窜出。从形制和狩猎题材上看，应是萨珊银器中的皇家银盘。

人物纹金盘

北魏〔386—534〕

直径 12 厘米，高 1.7 厘米
大同市博物馆藏

敞口，平沿，浅腹，平底。盘底锤揲环绕的缠枝桃形叶纹，内有四位神话人物形象。两位半马人拉一战车，其中一位右手叉腰，左手紧握号角作吹奏状（一说为拿来通杯喝酒）。另一半马人全身被前人挡住，只露侧脸，动作基本相同。战车上立两人，前者右手握权杖，左手托物；后者左手托物，右手握棒。所有人物均深目高鼻，须发卷曲浓密，肌肉隆起，健壮勇猛，具有明显的希腊、罗马雕塑风格。

鎏金高浮雕人物、动物纹高足银杯

北魏〔386—534〕

口径 9.4 厘米，底径 4.9 厘米，高 10.3 厘米
1970 年大同市城南轴承厂北魏窖藏遗址出土

敞口，微束颈，深鼓腹，圜底，高足。人物和动物均为高浮雕，杯口雕两两相对而卧的八只动物；杯身以“阿堪突斯”叶纹等距均分；叶纹上承托高浮雕男性头像；叶纹间有手持器物的女性形象，衣饰轻薄，两足交叉站立。此杯属于波斯萨珊王朝的器具，是一件舶来品。

鎏金童子葡萄纹高足银杯

北魏〔386—534〕

口径 9.6 厘米，底径 5.4 厘米，高 11.5 厘米
1970 年大同市城南轴承厂北魏窖藏遗址出土

敞口，深腹，圜底，喇叭形高足。葡萄藤组成的五个圆环布满杯身外壁，环内均浮雕童子，腹部和喇叭形高足面饰莨菪叶纹与联珠纹。杯身上的童子收获葡萄的题材与希腊和罗马神话中的酒神节有关。这件高足杯应为波斯萨珊王朝的金银器，是舶来品。

鎏金錾花人物纹银碗

北魏〔386—534〕

口径 8.5 厘米，高 5 厘米
1970 年大同市城南轴承厂北魏窖藏遗址出土

敞口，微束颈，圆腹，圜底。口沿下及上腹各饰一周联珠纹，颈部饰麦穗纹。腹部以“阿堪突斯”叶纹均分，每等份之间有一圆环，内饰一半身侧面像，头戴圆形帽，高鼻圆眼。碗底錾刻两道同心圆。该银碗属中西亚舶来品，反映了平城与丝绸之路的密切关系。

鎏金錾花人物纹银碗

北魏〔386—534〕

口径 10.2 厘米、高 4.6 厘米
1988 年大同市南郊北魏墓 M107 出土

敞口，微束颈，圆腹，圜底。口沿下及上腹各饰一周联珠纹，腹部以“阿堪突斯”叶纹分成四等份，每等份之间有一圆环，环内有一男子侧身头像，深目高鼻，穿翻领上衣。碗底有两圈同心圆弦纹，器身无纹饰处均鎏金。

弦纹银罐

北魏〔386—534〕

口径 6.2 厘米，底径 5 厘米，腹径 11.2 厘米，高 14.4 厘米
1988 年大同市南郊北魏墓出土

侈口，微束颈，弧腹，底内凹。口沿内饰一周弦纹，肩、腹部也饰弦纹，其余地方光素。罐身由上下两部分焊接而成，颜色偏黄，可能与当时的提纯技术有关。

银碗

北魏〔386—534〕

口径 11 厘米，高 6 厘米
2003 年大同市齐家坡北魏墓出土

敞口，平唇，弧腹，矮圈足。碗口沿外侧饰多周弦纹。

鎏金錾花人物纹高足银杯

北魏〔386—534〕

口径 9.3 厘米，底径 3.75 厘米，通高 11.4 厘米
1988 年大同市南郊北魏墓 M109 出土

敞口，圆腹，圜底，高足。口沿下及上腹饰一周联珠纹。腹部由四组“阿堪突斯”叶纹均分，其间饰侧面人物头像，皆深目高鼻，头戴帽，着圆领衣。杯足饰忍冬花纹。

0 1 2 3 厘米

银耳杯

北魏〔386—534〕

长 12.8 厘米，宽 7.6 厘米，两端高 5 厘米，中间高 4 厘米
大同市博物馆藏

杯身呈椭圆形，两端上翘，新月形杯耳，一耳缺，椭圆形圈足。耳上鎏金，其上锤揲联珠纹、植物叶纹，足底饰联珠纹。

银耳杯

北魏景明二年〔501〕

长 12.9 厘米，宽 7.2 厘米，两端高 4.3 厘米，中部高 3.6 厘米
1981 年大同市小站村封和突墓出土

杯呈椭圆形，两端上翘，形如扁舟，两侧有对称的新月形耳，椭圆形圈足。杯身光洁，耳上饰双排联珠纹，足边饰联珠纹。联珠纹是萨珊波斯时期的典型纹样，被广泛用于编织物、宫廷建筑的浮雕、萨珊银币等各种器物上，在中亚地区也广泛流传。该器型为中原常见类型，纹饰是外来纹饰，是中西文化结合的一件物品。

萨珊波斯银币

北魏〔386—534〕

直径 2 厘米
1994 年山西省天镇县平远头村征集，现藏大同市天镇县文管所

银币经模制打压而成，正面为国王的侧脸半身像，头像两侧有钵罗婆铭文；背面中心为波斯国教祆教的祭坛，周边有新星抱月等图案，两侧为祭司，外饰一周联珠纹。

这些银币反映了北魏时期平城在丝绸之路上的重要地位，也印证了丝绸之路文化交流和商贸的繁盛。

莲瓣纹镂雕鎏金铜饰片

北魏〔386—534〕

直径 7.2 厘米
1982 年大同市城南轴承厂北魏窖藏遗址出土

铜饰片呈圆形，从圆心向外依次装饰团莲、双瓣莲纹、缠枝葡萄纹，各纹饰带以联珠纹间隔，中层纹饰透雕。通体鎏金，做工精致。

蟠龙莲瓣纹镂雕鎏金铜乳帽

北魏〔386—534〕

直径 7.2 厘米，高 2.7 厘米
1982 年大同市城南轴承厂北魏窖藏遗址出土

乳帽呈半球形，中空，通体鎏金。器物顶部镂空雕刻一条蟠龙，外饰莲瓣纹、联珠纹。器物底部镂空雕刻四条飞龙，两两相对，蜿蜒盘旋。整件器物展现了北魏精湛的工艺水平。

对鸟纹铜饰片

北魏〔386—534〕

底长 12.5 厘米，高 11 厘米
1988 年大同市南郊北魏墓 M109 出土

整体呈三角形，用一整块铜片镂雕而成，主图案为两只凤鸟衔胜侧身相对而立，鸟上各有一枝四叶忍冬纹。凤鸟与三角两侧边之间以及铜饰片的底边上凿有小孔。两侧边镂雕成火焰纹，顶部雕成一鸟，作侧身展双翅状。火焰纹饰的流行与北魏时期佛教的兴盛有关。

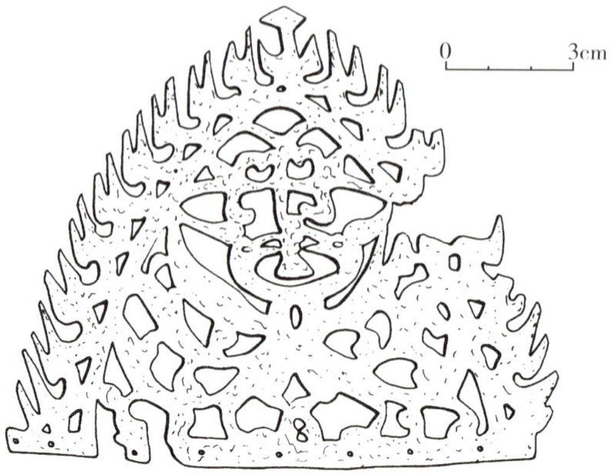

火焰纹铜牌饰

北魏〔386—534〕

底长 12.5 厘米，高 11 厘米
2013 年大同市东信家居广场二期工地北魏墓出土

三角状，两侧边缘雕刻为火焰纹，底边平。火焰纹源于佛教，被赋予神圣、威严的含义，寓意辟邪、驱魔，神圣不可侵犯。北魏石窟中的佛像背光多饰有火焰纹。随着时间的推移，火焰纹也与佛像分离，成为单独的装饰图案。

对鸟鎏金铜饰件

北魏〔386—534〕

宽10厘米，高8厘米
2013年大同市东信家居广场二期工地北魏墓出土

鎏金铜质。双鸟相对，鸟身展翼飞行，细尾上翘，尾端开孔。鸟冠呈锯齿状，两翼及尾部雕刻点状纹饰。

力士纹兽面衔双龙环鎏金铜铺首

北魏〔386—534〕

通长 16 厘米，铺首宽 10 厘米，最大环径 8.5 厘米
1956 年大同市工程公司院内出土

模制。表面鎏金。铺首呈方形，主图案为一兽面，粗眉上卷，獠牙外露，以舌衔环。双耳直立，双角上扬内卷，角间蹲坐一力士，双臂肘部弯曲，向上凸起，倚靠在内卷的角上。兽面两侧边缘饰涡纹。椭圆形环，环身錾刻相对的两龙及类似鬃毛的纹饰。

力士搏虎纹兽面衔“一人二龙”环彩绘铅铺首

北魏〔386—534〕

铺首长 12.4 厘米，宽 11.8 厘米，环直径 10 厘米
大同市博物馆藏

模制。铅质。铺首略呈方形，主图案为一兽面，以红彩勾勒五官。兽面粗眉上卷，睁目张口，獠牙外露，以舌衔环。双耳直立，双角上扬，角间饰相背的两人，各骑一虎，作回首状。兽面两侧边缘饰涡纹。衔环呈圆形，为“一人二龙”图像，二龙相对，一人双手上举，各握龙爪，站立于龙首之上。

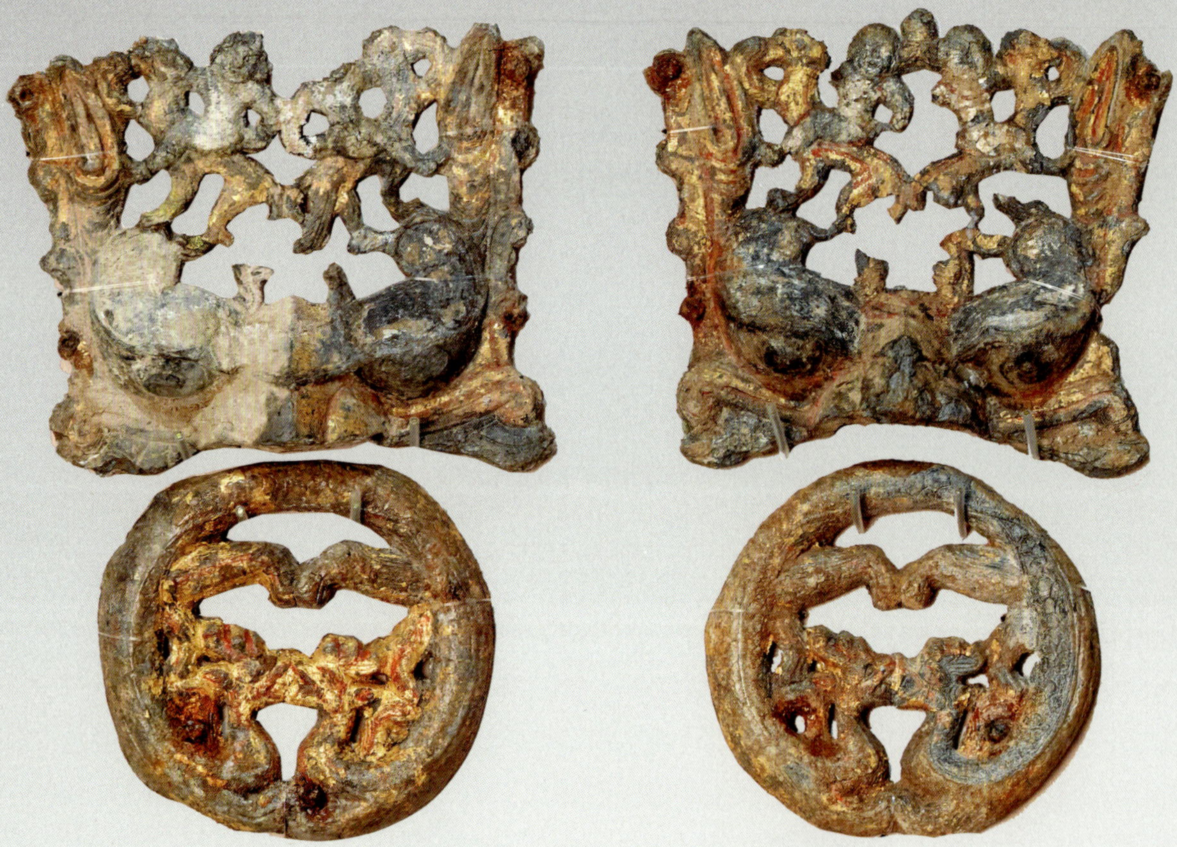

力士龙纹兽面衔环鎏金铅铺首

北魏〔386—534〕

铺首长 15 厘米，宽 13 厘米，环直径 10 厘米
大同市南环东延北一路 M1 出土

一组两件。模制。铅质。铺首呈方形，主图案为一兽面，狰狞凶悍，粗眉上卷，獠牙外露，以舌衔环。双耳直立，双角上扬，角间饰相背的两人，各骑一瑞兽。兽面两侧边缘饰涡纹。衔环呈圆形，为二龙相对图案，龙首相对，龙爪相接，龙身浅刻鱼鳞纹。

028

忍冬纹兽面衔环鎏金铜铺首

北魏〔386—534〕

通长 29 厘米，宽 16.5 厘米，环径 15.8 厘米
1979 年大同市小南门外沙场采集

通体鎏金。铺首略呈方形，主图案为一兽面，面目狰狞，双目圆睁，粗眉上扬，宽鼻隆起，尖耳直立，耳部边缘有鬣毛，兽角内卷上翘，角间饰忍冬纹，张口露齿，獠牙外撇，舌下衔圆环。整体造型生动，工艺考究。

忍冬纹兽面衔环鎏金铜铺首

北魏〔386—534〕

铺首长 13.7 厘米，宽 11.6 厘米，环径 10 厘米
1982 年大同市城南轴承厂北魏窖藏遗址出土

通体鎏金。铺首略呈方形，主图案为一兽面，面目狰狞，双目圆睁，粗眉上扬，宽鼻隆起，尖耳直立外撇，两角弯曲上翘，额顶饰忍冬纹，张口露齿，獠牙外撇，吐舌衔素面圆环。整体工艺考究，纹饰精美。

忍冬纹兽面衔环鎏金铅铺首

北魏〔386—534〕

铺首边长 13.4 厘米，衔环直径 9.3 厘米
2012 年大同市御府工地北魏墓出土

模制。铅质，通体鎏金。铺首呈方形，主图案为一兽面，兽面双目含威，浓眉上卷，两耳直立，犄角上扬内卷，角间饰五瓣忍冬纹，三角高鼻，獠牙外露，以舌衔环。

莲花纹鎏金铜铺首

北魏〔386—534〕

铺首直径 13 厘米，环直径 8.2 厘米
2013 年大同市东信家居广场北魏墓出土

通体鎏金。铺首为莲花形，由六组复瓣莲花组成，中间镂空，素面衔环，环与铺首之间有铁扣固定。

莲瓣纹衔环铜铺首

北魏〔386—534〕

铺首直径 14 厘米，环直径 10.6 厘米
大同市博物馆藏

铺首为莲花形，由八组复瓣莲花组成，素面衔环，环与铺首之间原有铁扣固定。

嵌绿松石金饰

北魏〔386—534〕

外径 4.5 厘米，最宽 2 厘米
大同市博物馆藏

整体呈“C”形，开口，中间粗， 两端细，两端各有一小孔。外侧镶嵌圆形、水滴形绿松石。等距分布三个乳突，上嵌绿松石。整件饰品具有浓郁的外来风格。

正面

背面

瑞兽纹鎏金铜带銙

北魏〔386—534〕

带扣长 14.5 厘米，宽 4.5 厘米；附桃形环带銙通长 9 厘米，桃形环横宽 5.5 厘米；方形銙边长 3.8 厘米
2004 年大同市交通苑北魏墓出土

该组器物为带具的一部分，带扣、附桃形环的带銙和方形带銙各一枚，通体鎏金。带扣的扣环平面为椭圆形，扣针粗直，二者以横轴与扣柄相连。扣柄平面呈前方后弧的长方形，有边框、透雕龙纹铜片、银片、铜片多层，由铜钉铆合而成。龙纹头部上昂，小头，长角，尾部翘起。

附桃形环的带銙，桃形环两端为鹰首，双喙弯曲，环为其身，双翅收拢。全身饰一圈联珠纹，刻短线显示羽毛。外侧与銙片相接，銙片有边框、透雕凤鸟纹铜片、银片、铜片多层，由铜铆钉铆合而成。透雕凤鸟昂首振翅，羽毛丰满。

方形带銙由边框、透雕凤鸟纹铜片、银片组成，由铜钉铆合而成。

金头饰

北魏〔386—534〕

通长 9.2 厘米，重 1.2 克
2002 年大同市迎宾大道北魏墓出土

金箔锤揲而成。头饰首端呈圆形，上饰一圈金珠，内为圆形金托，整体呈花形。长条形带棱箔片与花首焊接成一体。

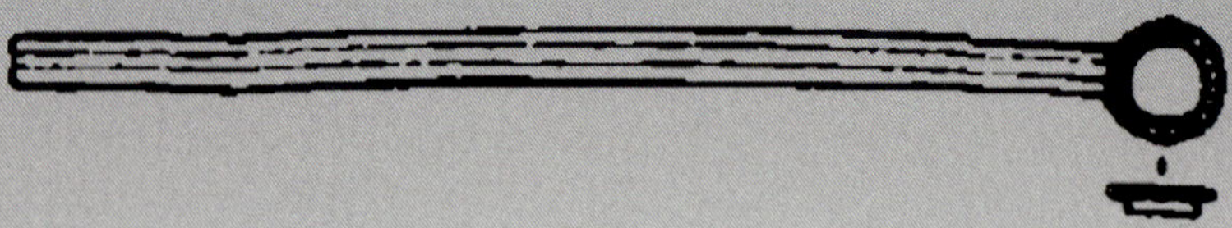

铜下颌托

北魏〔386—534〕

头箍周长 64 厘米，宽 0.8~1.4 厘米；托长 13 厘米，宽 9 厘米，下凹处深 3.5 厘米
1988 年大同市南郊北魏墓 M107 出土

上有环状头箍，下连椭圆形托。头箍由一长条形铜片制成，用于将下颌托固定在头颅。两侧由扁平状“Y”字形铜条颊带连接，颊带的下端连接舟形托。托由整块铜片制成，四周凿有小孔。其功能主要是固定下颌，避免面部变形。

银下颌托

北魏〔386—534〕

通高 20 厘米
大同市博物馆藏

下颌托呈椭圆形，两端扁平状“Y”字银条渐细，有穿孔，与上部扁银条结合在一起。上部扁银条中间略宽。

北魏平城

丝路文物

玻璃器 玛瑙 宝石

磨花玻璃碗

北魏〔386—534〕

口径 10.3 厘米，腹径 11.4 厘米，高 7.5 厘米
1988 年大同市南郊北魏墓 M107 出土

淡黄绿色半透明玻璃制成。口微侈，圆唇， 颈略束，球形腹，凹圜底。腹外壁磨出四排向内凹的椭圆形纹饰，纵向错位排列。圜底中心为一个凹面圆形， 周围有六个凹圆纹相切。器体从颈部以下全部抛光， 内壁光洁，外壁略有黄色锈斑。该碗应是从丝绸之路传入的萨珊波斯玻璃器。

玻璃碗

北魏〔386—534〕

口径 13 厘米，底径 7.7 厘米，高 5.9 厘米
2001 年大同市七里村北魏墓出土

由蓝色玻璃制成，器体内含较多气泡，整体透明度不高。圆唇，直口，弧腹，小圈足。上腹部饰一周凸弦纹，内外壁上皆有土沁。

玻璃碗

北魏〔386—534〕

口径 11.2 厘米，高 5 厘米
2011 年大同市齐家坡 M109-2 出土

由蓝色玻璃制成，器体内含较多气泡，整体透明度不高。圆唇，直口，小圈足。上腹部饰一周凸弦纹，内外壁上皆有土沁。

玻璃钵

北魏〔386—534〕

口径 4.9 厘米，高 2.7 厘米
2002 年大同市迎宾大道北魏墓 M16 出土

由深蓝色玻璃制成。口微敛，圆唇，鼓腹下收，圜底。器型仿自平城当地的陶钵，可能是为墓主人专门制作的明器。

玻璃钵

北魏〔386—534〕

口径 5 厘米，高 2.7 厘米
2002 年大同市迎宾大道北魏墓 M16 出土

由深蓝色玻璃制成。整体呈半球形，敞口，圆唇，弧腹，圜底。器型仿自平城当地的陶钵，可能是为墓主人专门制作的明器。

玻璃钵

北魏〔386—534〕

口径 4.9 厘米，高 2.7 厘米
2002 年大同市迎宾大道北魏墓 M16 出土

由深蓝色玻璃制成。口微敛，圆唇，鼓腹下收，圜底。器型仿自平城当地的陶钵，可能是为墓主人专门制作的明器。

玻璃注

北魏〔386—534〕

长 20 厘米
1986 年大同市大秦铁路湖东编组站北魏墓出土

深蓝色半透明玻璃材质，吹制而成，器壁薄。整体呈长圆锥形，一端为圆锥形流，近流部有一凸起的小圆环；另一端浑圆，底有一圆孔。表面有土沁。

玻璃盘

北魏〔386—534〕

直径 15 厘米
大同市博物馆藏

蓝色半透明玻璃制成。敞口，浅腹，底部内凹。表面有淡黄色侵蚀层，内部有密集的小气泡。

玻璃壶

北魏〔386—534〕

口径 5.8 厘米，腹径 11 厘米，底径 4.2 厘米，高 15.4 厘米
2002 年大同市迎宾大道北魏墓出土

天蓝色半透明玻璃制成。器壁薄，宽平沿，细长颈，圆肩，弧腹下收，平底。肩饰两周凸弦纹，表面有土沁。

器型模仿北魏平城地区流行的陶罐样式，在国外罗马玻璃器和萨珊玻璃器中均不见相似器物。从制作工艺采用吹制技术来看，应有外来的工匠现场指导，与丝绸之路贸易关系密切。

玻璃壶

北魏〔386—534〕

内口径 1 厘米，腹径 5 厘米，高 5 厘米
大同市博物馆藏

器型小巧，吹制而成。圆唇，直颈，腹部圆鼓，平底。器壁有白色土沁，肩部以上更为明显。

玻璃瓶

北魏〔386—534〕

口径 2.8 厘米，腹径 6 厘米，高 4.7 厘米
大同市博物馆藏

天青色，透明度高，吹制而成，器型小巧。口沿外卷，圆唇，短颈，肩部略宽，腹部圆鼓，平底。表面有土沁。

玻璃瓶

北魏〔386—534〕

口径 2.4 厘米，腹径 6.3 厘米，底径 4.4 厘米，高 5 厘米
2001 年大同市七里村北魏墓 M6 出土

材质为蓝色玻璃，经吹制而成，器型小巧。口沿外卷，圆唇，短颈，肩部略宽，腹部圆鼓，平底。素面。

玻璃手镯

北魏〔386—534〕

直径 6.4 厘米
大同市博物馆藏

半透明蓝色玻璃模制。封闭圆环，通体光滑，内有气泡，表面有土沁。

玻璃耳环

北魏〔386—534〕

直径 4.5 厘米
大同市博物馆藏

半透明蓝色玻璃模制。封闭圆环，通体光滑，内有气泡，表面有土沁。每个环上均有勒痕，可能是长久悬挂所致。

玻璃串饰

北魏〔386—534〕

通长 24 厘米
2013 年大同市东信广场北魏墓出土

出土时位于棺内，通体由扁圆形玻璃珠组成。玻璃珠直径较小，约 0.3 厘米，中间有孔，孔道两端基本平整。

金珠玻璃项饰

北魏〔386—534〕

通长 30 厘米
2011 年大同市迎宾大道北魏墓出土

整件器物由 10 颗金珠、9 颗扁金饰、2 颗水晶珠、42 颗珍珠、4800 余颗黑色及绿色小玻璃珠组成。大金珠直径 1 厘米，小金珠直径 0.5 厘米，中间穿孔。扁金饰以小金珠焊缀而成，中间穿孔较大，内径 0.3 厘米。水晶珠一颗为六棱梭形，长 1 厘米，宽 1.3 厘米；另一颗为枣核状，长 1.8 厘米，宽 0.9 厘米。小玻璃珠如粟米大小，有黑、绿两色，皆呈扁圆形，中间穿孔，外径 0.15~0.3 厘米，孔内径 0.1~0.13 厘米，壁厚 0.1~0.15 厘米。金珠等饰物在黑色珠串上相间分布，极为华美。

玻璃珠项链

北魏〔386—534〕

通长 72 厘米
2013 年大同市东信二期北魏墓出土

由玻璃珠、玛瑙珠、水晶珠组成。玻璃珠大部分为扁圆形算盘珠，直径 0.3~0.8 厘米，颜色有红、蓝、绿、黄色等，中间有孔，孔道两端较平整。水晶珠 1 枚，中间有孔，两端均打磨成六棱形，直径 0.6 厘米。红色玛瑙珠 1 枚，圆形，直径 1.36 厘米。褐色玛瑙珠 1 枚，直径 1.2 厘米。缠丝玛瑙管珠 1 枚，长 1.85 厘米，直径 0.83 厘米，长端打孔。

玻璃串饰

北魏〔386—534〕

通长 39 厘米
2013 年大同市东信二期北魏墓出土

由玻璃珠和玛瑙珠组成。玻璃珠均为蓝色扁圆形算盘珠，中间有孔，孔道两端较平整，尺寸较小，直径 0.1~0.45 厘米。从形制、工艺来看，属于外来贸易珠——印度—太平洋珠（Indo-Pacific beads）。2 枚玛瑙珠均为红色，中间穿孔，其中一枚有白色带状纹理，直径分别为 0.8 厘米和 1 厘米。

玻璃珠饰

北魏〔386—534〕

通长 58 厘米
2010 年大同市御昌佳园北魏墓出土

整体由琉璃珠组成，颜色呈黄白色。琉璃珠大多为不规则圆形，中间穿孔，直径 0.25~0.48 厘米。

珍珠玻璃串饰

北魏〔386—534〕

通长 27 厘米
2010 年大同市御昌佳园北魏墓出土

整体由珍珠和煤精石组成。珍珠大多为不规则圆形，中间穿孔，直径 0.25~0.48 厘米。六瓣瓜棱形煤精石珠 1 枚，直径 1 厘米，中间穿孔。

玻璃串饰

北魏〔386—534〕

通长 37 厘米
2013 年大同市东信二期北魏墓出土

由各色玻璃珠和珊瑚组成。玻璃珠以扁圆形珠最多，半透明或不透明，颜色有黄、蓝、绿、白等。珠体直径最大的约 0.6 厘米，最小的 0.3 厘米，中有穿孔，穿孔两端基本平整。从形制和工艺来看，属于“印度—太平洋珠（Indo-Pacific beads）”。红珊瑚管珠共 6 枚，均有不同程度的钙化失色，最长的 2.7 厘米，最短的 0.7 厘米，直径约 0.4 厘米。串饰中黄色的玻璃珠较为特别，从剥落痕迹观察，均为蓝色玻璃胎体，外裹一层黄色玻璃。黄色玻璃珠共 5 枚，1 枚管珠，长 1.5 厘米，直径 0.75 厘米；4 枚圆珠，直径 0.9 厘米。

玻璃珊瑚串饰

北魏〔386—534〕

通长 82 厘米，玻璃珠最大径 0.6 厘米、最小径 0.3 厘米，
珊瑚管珠直径约 0.4 厘米
2013 年大同市东信二期北魏墓出土

由各色玻璃珠和珊瑚组成。玻璃珠皆为透明或半透明不规则扁圆形算盘珠，蓝、绿色玻璃胎质，表面附有一层白色钙化层，中有穿孔，穿孔两端较平整。从形制和工艺来看，属于“印度—太平洋珠（Indo-Pacific beads）”。17 枚珊瑚管珠相间分布，钙化较严重，表皮有剥落现象。

玻璃串饰

北魏〔386—534〕

通长 45 厘米
2013 年大同市东信广场北魏墓出土

出土时位于棺内，由各色玻璃珠和透明水晶珠组成。玻璃珠以扁圆形珠最多，穿孔两端较为平整，半透明或不透明，颜色有黄、绿、淡绿、蓝、深蓝等，最大的珠体直径约 0.6 厘米，最小的 0.2 厘米，中有穿孔。白水晶圆珠共 3 枚，直径 0.8 厘米。与此相同的珠子在北魏洛阳永宁寺也有出土。

玻璃串饰

北魏〔386—534〕

通长 6.7 厘米
2013 年大同市东信广场北魏墓出土

出土时位于棺内人骨头部，由各色玻璃珠和玻璃质蜻蜓眼组成。玻璃珠均为扁圆形，半透明，颜色有红、黄、蓝、绿等。珠体最小直径约 0.1 厘米，中有穿孔。两枚蜻蜓眼为蓝色胎体，胎体上的环形镶嵌脱落，直径分别为 0.7 厘米和 1.1 厘米。

玻璃串饰

北魏〔386—534〕

通长 6 厘米
2013 年大同市东信二期北魏墓出土

由绿色和蓝色的扁圆形玻璃珠组成。玻璃珠直径较小，约 0.4 厘米，中间有孔，孔道两端较平整，表面有土沁，并多有气孔。其中两颗已风化变色，表皮脱落。

玻璃珠串饰

北魏〔386—534〕

通长 7.8 厘米
2010 年大同市御昌佳园北魏墓出土

由蓝色和黄色玻璃珠组成。蓝色玻璃珠均为扁圆形，中间有孔，孔道两端较平整，珠体较小，直径 0.1~0.3 厘米。黄色玻璃珠 2 枚，扁圆形珠 1 枚，残，直径约 0.9 厘米，厚 0.1 厘米，半透明黄色胎体上镶嵌蓝色放射状条纹；鼓状黄色玻璃珠 1 枚，直径约 0.6 厘米，表面风化剥落。

玛瑙串饰

北魏〔386—534〕

通长 15 厘米
1989 年大同市南郊北魏墓出土

由各种颜色、形制的玛瑙珠和水晶珠组成。其中梭形缠丝玛瑙 1 枚，浅褐色，有白色纹理，中穿孔。扁圆形缠丝玛瑙 1 枚，黑色，有白色纹理，中穿孔。菱形玛瑙 2 枚，红色，中穿孔。球形玛瑙珠 9 枚，其中白色半透明玛瑙珠 5 枚，红色玛瑙珠 4 枚，中穿孔。六棱柱形水晶 2 枚，半透明，竖向穿孔。柱形玛瑙 1 枚，白色半透明，上部穿孔。

玛瑙串饰

北魏〔386—534〕

通长约 12 厘米
2001 年大同市七里村北魏墓出土

由 11 枚不同质地的饰件串缀而成。质地有玛瑙、琥珀、煤精石。乳白色半透明玛瑙圆珠 4 枚，中心穿孔。六棱形红玛瑙及缠丝玛瑙各 1 枚，橄榄形缠丝玛瑙 1 枚，均长端中心穿孔。圆饼形琥珀饰件 3 枚，中心及侧面作十字穿孔。六瓣瓜棱形煤精石珠 1 枚，中心穿孔。

玛瑙串饰

北魏〔386—534〕

通长约 20 厘米
1993 年大同市齐家坡北魏墓出土

由23枚不同质地的饰件串缀组成。质地有玛瑙、珍珠、水晶、绿松石、珊瑚、蜻蜓眼。乳白色半透明玛瑙圆珠10枚，直径 1.3 厘米。四棱橄榄形红玛瑙珠 1 枚，四棱橄榄形白、褐色缠丝玛瑙珠 4 枚，珠长 3.9~4.7 厘米。五边形缠丝玛瑙饰件 1 枚。黑、白双色玛瑙管珠 1 枚，长 2.7 厘米。六棱形水晶珠 1 枚，绿松石扁珠 1 枚，圆形珍珠 1 枚。管状蜻蜓眼珠 2 枚，直径 1 厘米，蜻蜓眼蓝色胎体上镶嵌白色眼圈。不规则珊瑚珠 1 枚，钙化，褪色。

珊瑚串饰

北魏〔386—534〕

通长 21 厘米
2013 年大同市东信二期北魏墓出土

整体由 15 枚珊瑚管珠和 1 枚玻璃管珠组成。珊瑚管珠粗细、长短不等，长 0.7 ~ 1.5 厘米，直径 0.4 ~ 0.6 厘米，大部分已脱色。橄榄形玻璃管珠位于串饰最中央，残长 2.7 厘米，直径 0.7 厘米，长端有孔，绿色玻璃胎体，胎体上镶嵌黄色绞丝状条纹，孔道两端包一小节黄色玻璃，具有明显外来风格。

嵌宝石人面龙纹金耳饰

北魏〔386—534〕

带链长 13 厘米，宽 2.5 厘米
2011 年大同市恒安街北魏墓出土

主体为一圆环，环身上部圆细，中间有一向内的机括，环身下部锤揲成扁宽状，中间錾刻一人面，双龙张口相向。环身坠饰一小金棒，自上而下依次穿有扁金饰、珍珠、绿松石、花草纹镂空金饰和玛瑙珠；另一坠饰为嵌紫水晶金托。圆环外侧饰三组掐丝图案，上为花卉，中为人面，下为凤鸟，内嵌各色宝石，周边饰联珠纹。环身两侧上方焊接金链，现仅存一条。其工艺繁复，运用了锤揲、 錾刻、掐丝、镶嵌及金珠焊缀等技术。

金耳饰

北魏〔386—534〕

通长约 20 厘米
2004 年大同市交通苑北魏墓出土

耳饰由金环和坠饰两部分组成。金环饰联珠纹，环上有一联珠纹金托，托内嵌水滴状红宝石。环上另挂一条细金丝拧成的长绳，上挂镂空金球、圆金片以及金铃铛。长绳底部拴有流苏状的细金链，每根金链系有尖形锤饰。这种耳饰造型别致，是研究古代细金工艺重要的实物资料。

嵌宝石波斯银戒指

北魏〔386—534〕

戒面长 1.9 厘米，宽 1.5 厘米；指环直径 1.8 厘米
2013 年大同市东信广场北魏墓出土

戒指由银戒托、戒指环与红宝石戒面组合而成。戒指环开口，两端较细，开口处托一戒托，盘座饰一圈联珠纹，内嵌宝石，宝石戒面阴刻一女性人物形象。据考证，此为波斯印戒，是古代丝绸之路中西文化交流的实物资料。

嵌宝石铜印戒

北魏〔386—534〕

指环直径 2 厘米，戒托宽 1.5 厘米，戒面直径 1.05 厘米
2013 年大同市东信广场北魏墓出土

戒指由银戒托、戒指环与红宝石戒面组合而成。戒面呈圆形，阴刻动物纹样，为北魏时期丝绸之路的舶来品。

绿松石串饰

北魏〔386—534〕

通长 6.2 厘米
2004 年大同市交通苑北魏墓出土

由 4 枚大小不一的绿松石扁珠和 1 颗扁圆形玻璃珠组成。最大的绿松石珠长 2.37 厘米，宽 2.25 厘米；最小的长 1.25 厘米，宽 1 厘米。表面均打磨光滑，孔道两端呈内凹的圆弧状。玻璃珠为橙黄色，直径 1.2 厘米，表面风化，孔道两端齐平。

蜻蜓眼玻璃珠

北魏〔386—534〕

直径约 2 厘米
2013 年大同市东信家居广场二期工地北魏墓出土

玻璃质，圆形，中间穿孔，均为蓝色玻璃基体上镶嵌近圆形或水滴形眼纹。一件眼纹为红、白两色或单圈红色玻璃镶嵌，内填充黄色；另一件眼纹为双圈白色玻璃镶嵌。

玻璃珠

北魏〔386—534〕

小珠直径 1.1 厘米，大珠直径 1.3 厘米
2013 年大同市御昌佳园二期北魏墓出土

2 颗，均为红色玻璃珠，圆形，中有一孔，孔道两端平整。

玻璃珠

北魏〔386—534〕

直径分别为 0.9 厘米和 0.8 厘米
2004 年大同市交通苑北魏墓出土

2 颗，深蓝色玻璃质地，整体呈不规则圆形，中有一孔，孔径较大，孔道两端稍平。

玛瑙珠

北魏〔386—534〕

直径 0.8 厘米
2004 年大同市交通苑北魏墓出土

红色玛瑙质地， 圆形，中间穿有一孔。

玛瑙珠

北魏〔386—534〕

长 2.2 厘米，最大径 1 厘米
沙岭加油站北魏墓出土

半透明红色玛瑙，四棱橄榄形，沿长轴方向钻有一孔。

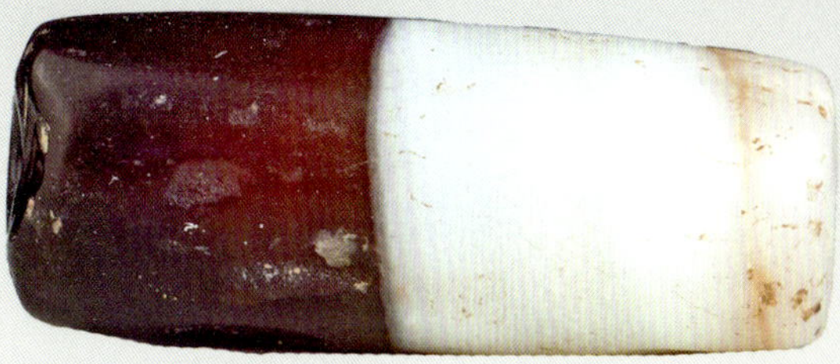

缠丝玛瑙珠

北魏〔386—534〕

直径 1.1 厘米
2004 年大同市交通苑北魏墓出土

玛瑙质地，浅褐色间有白色，圆形，中间穿有一孔，孔道两端基本平整。

玛瑙筒珠

北魏〔386—534〕

长 1.8 厘米，直径 0.6 厘米
2013 年大同市御昌佳园北魏墓出土

整体呈长筒形，沿长轴方向采用两面打孔的方式钻孔，孔道两端平切，沿孔道方向玛瑙分红、白两色，分界明显，白色面积稍大。

缠丝玛瑙珠

北魏〔386—534〕

长 1 厘米，最大径 0.5 厘米
2013 年大同市御昌佳园二期北魏墓出土

黑、白、褐三色缠丝玛瑙，近橄榄形，沿长轴方向钻有一孔。

缠丝玛瑙珠

北魏〔386—534〕

长 4.5 厘米，最大径 1.5 厘米
2004 年大同市交通苑北魏墓出土

出土于墓室西南角淤土内。白、褐、黑三色缠丝玛瑙，橄榄形，沿长轴方向钻有一孔。

北魏平城

丝路文物

石雕

石雕棺床

北魏太和八年〔484〕

长 241 厘米，宽 133 厘米，高 51 厘米
1965 年大同市石家寨司马金龙夫妇墓出土

石床由六块浅灰色细砂岩石板组成。前立面石板呈倒“山”字形，上部以波状缠枝四叶忍冬纹组成长方形边框，中间雕波状缠枝忍冬枝叶及形态各异的 13 个伎乐童子和珍禽瑞兽。童子均髡发，上身裸，帔帛飘飞，下身着犊鼻裤，所持乐器从左至右依次为腰鼓、横笛、檐鼓、筚篥、贝、五弦、琵琶、排箫、长笛、鼓、铜钹和吹指。床足间两壶门饰波浪纹，三床足饰联珠纹边框，框内高浮雕四个身躯矫健的力士，上身袒露，胸肌发达，腹圆臀肥，双腿蹲立，反举双手作承托状。中间两力士的上部浅浮雕兽面，双耳直立，怒目圆睁，张口作吼状，獠牙外露。该石棺床构思精巧，雕刻细腻，堪称北魏时期石雕精品。

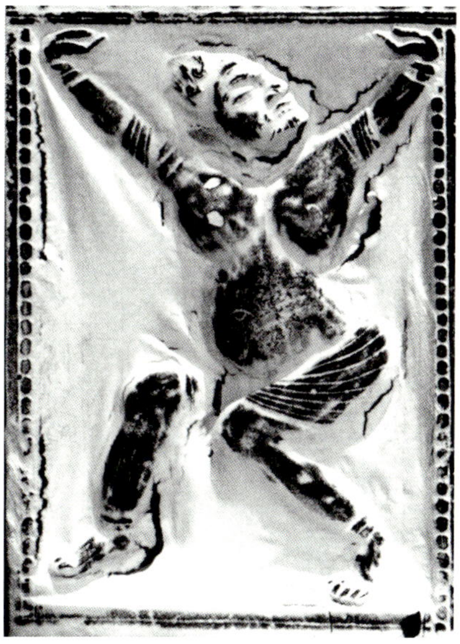

忍冬纹石雕棺床

北魏〔386—534〕

长 110 厘米，高 25 厘米，厚 8 厘米
1999 年京大高速公路北魏墓出土

细砂岩质。棺床前立面整体呈倒“山”字形，上层横向雕刻波状忍冬纹带，下层雕浪尖纹带。其下三床足，两侧足各雕一忍冬纹，内侧为浪尖纹壸门。中央足雕一兽面，犄角上扬，双眉粗壮，怒目圆睁，獠牙外翻，凶猛威严。棺床立面两侧嵌两枚铁质圆环，推测为插杆，撑幔帐之用。

彩绘忍冬纹、葡萄纹石雕棺床

北魏〔386—534〕

长 210 厘米，高 35 厘米，厚 13 厘米
2011 年大同市恒安街北魏张智朗妻毛德祖墓出土

砂岩。棺床前立面呈倒“山”字形，上部横向刻缠枝葡萄纹，下刻浪尖纹壶门，三足上部雕刻六瓣宝装莲花纹。两端两足外侧刻一花瓶，内插忍冬花，下部边缘用连续倒置的三角装饰，两足内侧为浪尖纹；中间一足雕刻兽面，瞠目獠牙，额顶饰五瓣忍冬纹。棺床通体施红彩，莲瓣等处有鎏金痕迹。

瑞兽忍冬纹石雕棺床

北魏〔386—534〕

长206厘米，高35厘米，厚10厘米
大同市博物馆藏

砂岩。石床前立面呈倒“山”字形，床足之间上部刻缠枝忍冬纹，其间雕刻手持琵琶、排箫、筚篥等乐器的伎乐童子，下部刻浪尖纹壶门。两端两足雕刻双手合十跪拜的供养人。中间一足雕刻兽面，瞠目獠牙。

瑞兽力士纹石雕棺床

北魏〔386—534〕

长 221 厘米，高 54 厘米，厚 10 厘米
大同市博物馆藏

砂岩。前立面呈倒“山”字形，上部及两侧外轮廓以绹索纹为边框，装饰纹样分为上、中、下三层，分别以凸线纹间隔，上层和中层间还有一行联珠纹。上层为一行环状忍冬纹，纹样间饰伎乐人物、瑞兽和花蕾。中间层为一行波状忍冬纹，下层为浪尖纹。中间一足上部为一兽面，瞠目露齿，面目狰狞，其下为胡人驯狮图案。左右两足各有一武士，一手拄杖，一手持物。

团莲兽面人物纹石床

北魏〔386—534〕

长 210 厘米，厚 21 厘米，高 28 厘米
大同市博物馆藏

砂岩。前立面呈倒“山”字形，上层雕刻九枚团莲，中央一足浮雕兽面纹，左右两侧足雕刻伎乐童子。三足间两壸门上部边缘呈波状。

石雕帐座

北魏太和八年〔484〕

底座边长 32 厘米，通高 17 厘米
1965 年大同市石家寨司马金龙夫妇墓出土

细砂岩石质。上部呈鼓状覆盆形，下部为方形座。以柱孔为中心内周依次浮雕细绳纹、绹索纹、联珠纹、双瓣莲纹；外围浮雕莲花纹，腹部高浮雕三条蟠龙，首尾相逐于山峦之上，通身有鳞纹。方形底座四面浅浮雕环状缠枝忍冬纹，内雕伎乐童子。底座四角各雕一伎乐童子，上身袒露，下着犊鼻裤，帔帛绕臂，胡跪状，持鼓、筚篥、琵琶等乐器，生动传神。

石雕帐座

北魏太和八年〔484〕

底座边长 32 厘米、通高 16 厘米
1965 年大同市石家寨司马金龙夫妇墓出土

细砂岩石质。上部呈鼓状覆盆形，下部为方形座。以柱孔为中心内周依次浅浮雕细绳纹、绹索纹、联珠纹、双瓣莲纹；外围雕重层双莲瓣纹，腹部高浮雕四条蟠龙，首尾相逐于山峦之上。方形底座四面浅浮雕缠枝忍冬纹，内雕伎乐童子。底座四角浅浮雕忍冬纹。

四出鹰狮龙纹石帐座

北魏〔386—534〕

底座边长19厘米，通高9厘米
1989年大同市御河东岸沙厂出土

带方座鼓状覆盆形，通体浮雕图案。以柱孔为中心，周边内区饰一周联珠纹，外区雕刻一周双瓣莲花纹，俯视如一朵盛开的团莲；腹壁四周雕两条蟠龙，通身有鳞纹。方形底座四角分别雕叼蛇雄鹰、蹲猴、卧狮和伏虎，线条简约，神态传神。底座四周雕刻忍冬纹。

石雕蟠龙柱座

北魏〔386—534〕

底座边长 19 厘米，通高 11 厘米
1998 年大同市东门外云峰大厦工地出土

砂岩质。上为覆盆式，中央有圆形穿孔，下为方形底座。覆盆上腹部一周绹索纹将其分为上、下两部分，上部浮雕莲瓣纹，下部浮雕首尾相接的蟠龙。孔周双鲵盘桓，口沿饰联珠纹。方座四周及角面雕刻忍冬纹。

石雕龙纹柱座

北魏［386—534］

底座边长 29 厘米，通高 13 厘米
2001 年大同市七里村北魏墓出土

砂岩质。上部为覆盆形，中间为喇叭状柱孔，表面雕刻莲瓣和首尾相顾的蟠龙。方形基座四角及四周雕刻忍冬纹。

石雕帐座

北魏〔386—534〕

底座边长 15.5 厘米，通高 8 厘米
2004 年大同市交通苑北魏墓出土

砂岩质，内含颗粒状黑色斑点。上部为鼓状覆盆形，圆形柱孔，外雕一周绹索纹。外围浮雕肥厚的覆莲。下部及方形基座上无纹饰。

石雕帐座

北魏〔386—534〕

底座边长 31 厘米，通高 13 厘米
1979 年大同市城南轴承厂北魏遗址出土

砂岩。上部为鼓状覆盆形，下部为方形基座。以柱孔为中心，周边饰双层莲瓣纹，外圈雕刻四条首尾相接的蟠龙，龙身上刻细密的线纹。基座的四角面刻忍冬纹，下部雕刻出浪尖纹壸门。

高浮雕骑兽龙纹帐座

北魏〔386—534〕

底座边长 17 厘米，通高 10 厘米
大同市博物馆藏

砂岩。上部为覆盆式，中央有圆孔上下贯通，下部为方形底座。孔周双鲵盘桓，上部外围装饰一周莲瓣，莲瓣四周为一圈联珠纹，下面浮雕四条龙。方座四周刻波状忍冬纹，四角上高浮雕骑兽人物，已残。

莲瓣忍冬纹石帐座

北魏〔386—534〕

底座边长 31 厘米，通高 12 厘米
大同市博物馆藏

砂岩。上部为覆盆式，中有圆孔，下部为方形底座。孔周为一圈较宽的素面，边饰一周联珠纹。外雕一周复瓣宝装莲花纹。方座四角面及四周均浮雕忍冬纹。

石雕帐座

北魏〔386—534〕

底座边长 32.5 厘米，通高 16 厘米
2013 年大同市御府小区北魏墓出土

上部为鼓状覆盆形，下部为方基座。柱孔周边素面，外围浮雕莲瓣纹。基座的四角面、四周均刻忍冬纹，下部雕刻出浪尖纹壶门。

龙纹石帐座

北魏〔386—534〕

底座边长30厘米，通高13厘米
大同市博物馆藏

砂岩。上部为覆盆式，中央有圆孔，深6厘米，下部为方形底座。孔周素面，外有两层莲瓣纹，下部浮雕三条龙。方座四周刻波状忍冬纹，四角上浮雕忍冬纹。

石雕莲花柱础

北魏［386—534］

底座边长 33 厘米，通高 16 厘米

2013 年大同市御府小区北魏墓出土

砂岩。上部为鼓状覆盆形，圆形柱孔，孔周为一圈较宽的素面纹带，四周浮雕莲瓣纹。方形基座的四角面刻忍冬纹，四周纹饰分为上下两层，上层为忍冬纹，下层为装饰有浪尖纹的壸门，壸门两侧各有一伎乐童子。

一婆羅門
乞食得時

浮雕须大拏本生故事石构件

北魏〔386—534〕

残长 38.2 厘米，宽 25 厘米，高 20 厘米
2014 年大同市文庙出土

建筑残件，石灰岩质，似叠涩出檐部分。构件上部雕刻须大拏本生故事，下面内收部分雕刻宝装莲瓣纹，莲瓣纹下面再内收，雕刻忍冬纹带。现存画面分为三个情节。右起第一情节为太子和一婆罗门。太子头梳高髻，佩臂钏、腕钏，斜披帔帛，有头光，右手持一瓶，作倾倒状。右侧一婆罗门头挽高髻，颌下蓄山羊胡，侧身伸手持瓶口。第二情节表现的是婆罗门驭马。婆罗门头后有竖长方形榜题："一婆罗门 / 乞马得时。"第三情节为太子牵一童子。太子左手牵一童子右小臂，右手处残，双膝微曲，作向前迈步状。三个情节的空白处雕刻莲花、莲蕾和忍冬。此构件雕刻精美，人物形象生动。须大拏题材不见于云冈石窟，是新见平城时期的本生故事题材，有重要的学术意义。

整个构件的雕刻风格具有明显的十六国北魏平城时期造像的特征。该故事所本佛经为西秦僧人圣坚所译。圣坚疑为西域高僧，在西秦境内备受推崇，并在此译经，西秦灭国后，云游至荆州，最终完成。该雕刻表明，至平城时期，《太子须大拏经》已由南方传至平城，并成为北朝时期中原北方地区较为流行的题材，在北魏中期的长安、北魏晚期的洛阳、北周时期的敦煌造像和石窟中均有该题材。该题材最早可追溯至公元 3—4 世纪的新疆地区，在公元 4—5 世纪的克孜尔龟兹石窟中也可见，传播路径很可能是从西域经龟兹传至长安，再到平城，并随着北魏王朝的影响力传播到洛阳和敦煌。

太子和婆罗门

石雕二佛并坐龛

北魏〔386—534〕

高 31 厘米，宽 25 厘米
1956 年大同市城南修路时发现

尖楣圆拱龛，龛额浮雕十身供养天。龛内雕刻释迦、多宝二佛并坐像。佛像均高肉髻，着袒右肩袈裟，右手施无畏印，左手施触地印，结跏趺坐。龛外两侧各立一胁侍菩萨。龛下方中央雕博山炉，左右狮子相对。整体布局庄重、严谨，是北魏太和年间流行的造像题材。

正面

石雕交脚弥勒菩萨坐像

北魏〔386—534〕

通高 21 厘米
1980 年大同市城南轴承厂北魏遗址出土

砂岩。正、背面均雕造像。正面交脚弥勒菩萨坐于狮子座上，身后有舟形火焰纹背光。菩萨头戴高冠，佩项圈、臂钏、腕钏，斜披络腋，下着羊肠大裙，双手于胸前捧钵。两侧胁侍菩萨合掌侍立。狮子座下还有须弥座，束腰部分中间浮雕摩尼宝珠，宝珠两侧浮雕两个全身匍匐于地跪拜的供养人。背面用十字形分隔，雕四名手持莲花的供养人。上层二人相背而立，回首对视，均头戴垂裙帽。右为女性，身着交领窄袖长襦，下着百褶裙；左为男性，上褶下裤，腰束带。下层二人手持莲蕾，相背而立，女右男左，衣饰同上。

背面

右侧面

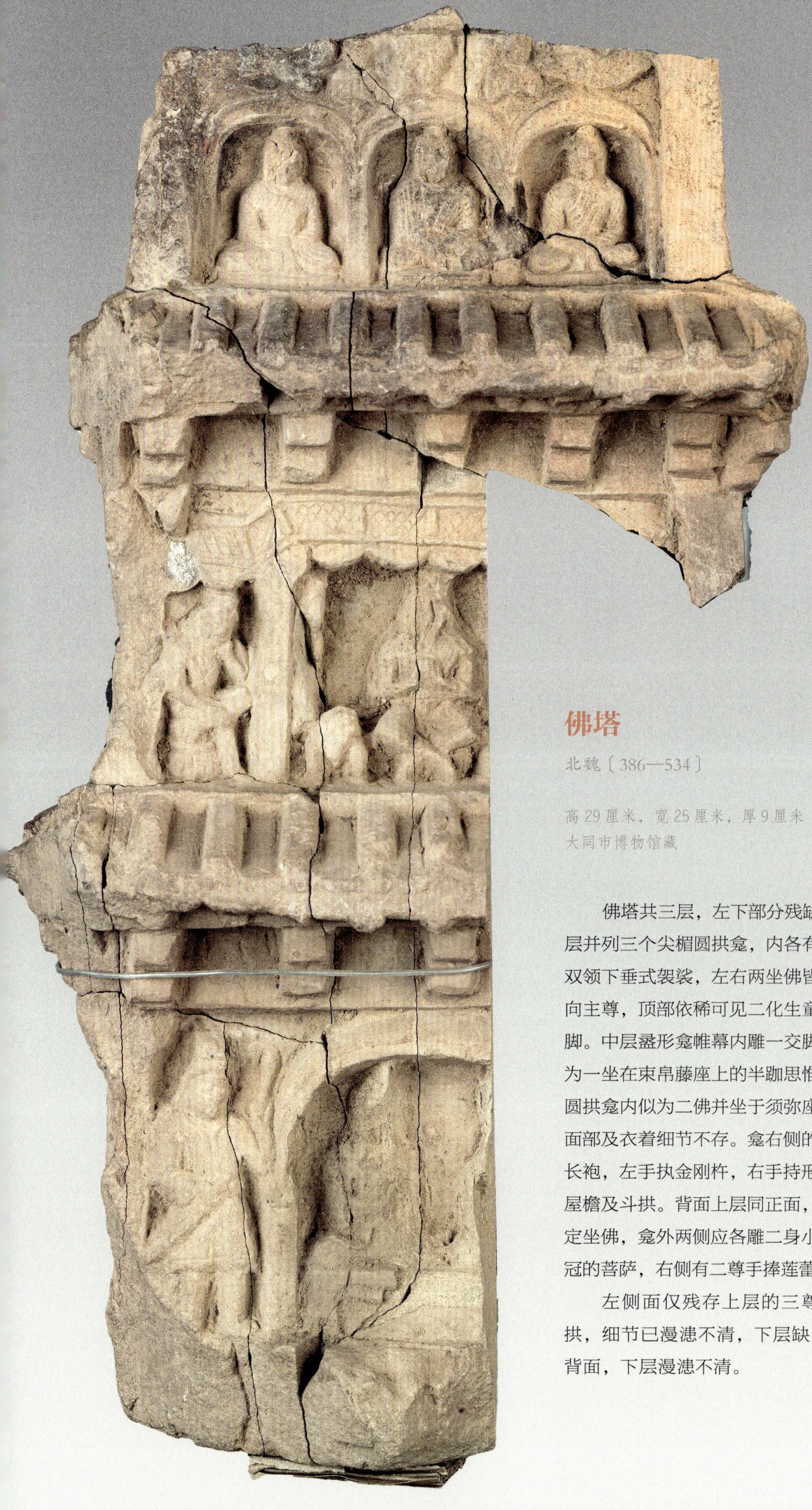

佛塔

北魏〔386—534〕

高 29 厘米，宽 25 厘米，厚 9 厘米
大同市博物馆藏

佛塔共三层，左下部分残缺，四面均有雕刻。正面上层并列三个尖楣圆拱龛，内各有一禅定坐佛。中间主尊着双领下垂式袈裟，左右两坐佛皆穿袒右肩式袈裟，身体侧向主尊，顶部依稀可见二化生童子，间隙间残存相交的双脚。中层盝形龛帷幕内雕一交脚菩萨，双手合十，其右侧为一坐在束帛藤座上的半跏思惟菩萨。从布局来看，下层圆拱龛内似为二佛并坐于须弥座上，左侧佛像残缺，佛像面部及衣着细节不存。龛右侧的金刚力士束高髻，着对襟长袍，左手执金刚杵，右手持形似剑的兵器。每层之间有屋檐及斗拱。背面上层同正面，中层尖楣圆拱龛内雕一禅定坐佛，龛外两侧应各雕二身小坐佛。下层主尊为一戴高冠的菩萨，右侧有二尊手捧莲蕾的胁侍菩萨。

左侧面仅残存上层的三尊佛像及中层的屋檐和斗拱，细节已漫漶不清，下层缺失。右侧面上层及中层同背面，下层漫漶不清。

石雕屋形龛

北魏〔386—534〕

长 61 厘米，高 58 厘米，厚 11.5 厘米
1984 年大同市小站村北魏遗址出土

屋形龛仿北魏木构建筑，九脊歇山顶，瓦垄整齐，由两根八棱廊柱支撑，柱下有覆盆带方座柱础，柱头分置栌斗，上托一斗三升拱、人字拱。龛内雕一佛二菩萨。佛像高肉髻，细眉长目，面庞清瘦，右手施无畏印，左手施与愿印，着双领下垂式袈裟，结跏趺坐于狮子座上，衣褶垂于座上。胁侍菩萨体态修长，头戴冠，帔帛于腹部相交，下着长裙，手捧莲蕾或提净瓶，跣足立于方板上，下有托扛力士。长方形底座上线刻两相对而立的供养人，中间刻一博山炉。该造像特征与云冈石窟晚期造像风格一致，应是北魏迁洛后的作品。

石雕方砚

北魏〔386—534〕

长 21.2 厘米，宽 21 厘米，高 9.1 厘米
1970 年大同市城南轴承厂北魏窖藏遗址出土

灰砂岩，近方形。方形砚池凸出砚面中心，边长为 12 厘米，四周饰联珠纹，外饰莲瓣纹。砚池外有两耳杯形水池和两方形笔舔，两两相对，周边成双的鸟兽作饮水状。砚面对角有莲花座笔插及联珠纹圆形笔舔。周边雕人物图案，有骑兽、胡旋舞、角抵等内容。石砚四侧立面上部及方形四足各雕力士、云龙、朱雀、水禽衔鱼等，以联珠纹装饰长方形边框。砚底雕一朵莲花，周边围以八朵小莲花。此方砚为北魏石雕艺术珍品。

石雕门楣（复制品）

北魏太和十四年〔490〕

长 212 厘米，高 90 厘米，厚 20 厘米
1976 年大同市方山永固陵出土

灰白色细砂石雕成。门头呈圆拱尖楣形，与两侧门柱榫卯式相接，门柱又插于门墩内。拱门弧尾两端各浮雕一个捧莲蕾童子，童子短发，面相浑圆，大耳穿环或戴圆形饰物，上身裸，佩颈饰与璎珞，帔帛绕肩飘于身后及两侧，下身着犊鼻裤，一腿前曲，一腿后蹬，双手于身之一侧捧莲蕾，赤足。两侧门柱为方形，上端各雕一含珠回首的孔雀，雀鸟展翅，尾羽上扬，双足踏于束帛座上，束帛用联珠带束约。门墩前部圆雕成兽首状，兽大眼，小立耳，鼻孔朝外，张嘴露齿，獠牙尖利，微微吐舌，中部凿孔，以嵌门柱，后部与壁相连。

石雕武士像

北魏〔386—534〕

底座长 32~35 厘米，宽 27~29 厘米；通高 65 厘米
2002 年大同市二电厂北魏墓出土

2 尊。武士俑头戴兜鍪，身穿铠甲，胡跪于方形座上，肌肉凸起，身材短粗，威武雄健。其一面貌年轻，双目突出，高鼻阔口，张嘴露齿，右手于头后空握，原应持兵器，左手持盾，残；另一面容苍老，颌下蓄须，双眉粗壮隆起，怒目圆睁，左手空握，搁于腿上，右手残，持物已失。造型生动逼真，给人以威严、凶猛、震摄之感。

彩绘石雕镇墓兽

北魏〔386—534〕

人面镇墓兽底边长 57 厘米，宽 23 厘米；通高 33 厘米
兽面镇墓兽底边长 60 厘米，宽 26 厘米；通高 34 厘米
大同市博物馆藏

通体施彩，蹲伏于长方形底座之上。一为人面兽身，深目高鼻，双眼圆睁，浓须卷曲，两耳高耸，具有西域胡人的特征；一为兽面兽身，怒目圆睁，獠牙外露，两耳高耸，面目狰狞。背脊上皆有插孔，原有鬃毛等物。

覆莲瓣纹石灯

北魏〔386—534〕

口径 12 厘米，底径 9 厘米，通高 12 厘米
大同市博物馆藏

砂岩质。覆盆式底座，上雕莲瓣纹。灯柄呈圆柱状，上部有一周绹索纹。灯盏口沿平直，深腹，素面。

莲花纹石灯

北魏〔386—534〕

口径 14.7 厘米，底径 12.5 厘米，通高 23.5 厘米
2013 年大同市东信家居广场北魏墓出土

砂岩质。覆盆式底座，上雕莲瓣纹。灯柄呈圆柱状，以中部的一周绹索纹为界，分为两部分，上部刻划网格纹，下部为“∧”纹，灯柄与灯座相接部分又环绕一周绹索纹。灯盏口沿平直，深腹，外壁纹饰分为上下两层，上层为莲花纹和网格纹间隔排列，下层为仰莲瓣纹。

莲花龙纹石灯

北魏〔386—534〕

底座边长 17 厘米，灯盏口径 17 厘米，通高 36 厘米
大同市博物馆藏

砂岩质。灯座底部为方形，四面中央开壸门，门框上部雕忍冬纹，四足雕刻飞天。底座上部为覆盆式，莲瓣纹下为首尾相接的龙。灯柄为六棱柱。灯盏口沿平直，深腹，口沿外侧浅雕绹索纹，下部雕团状忍冬纹及莲瓣纹。

人物纹石灯

北魏〔386—534〕

底座边长 12.5 厘米，通高 34 厘米
大同市博物馆藏

砂岩质。方形灯盏和灯座，圆柱状灯柄。灯盏外部四周浅浮雕四组伎乐，乐人均剃发，圆形头光，帔帛绕肩飘逸，手持长琴、排箫、竖笛等乐器，或坐或卧，进行演奏。灯盏四角下方装饰四个童子。灯盏下灯柄上部雕一周覆莲瓣。座基四面皆雕饰一卧狮和两名驯狮胡人，其一骑于狮背上，另一立于一旁，一手于胸前弯曲，一手置于狮子头部。伎乐、童子及胡人驯狮图像，是丝绸之路文化往来的产物。

力士石灯

北魏〔386—534〕

底座边长 7.5~8 厘米，灯盏口径 7 厘米，通高 12.8 厘米
大同市博物馆藏

砂岩。石灯底座近方形，四个力士作蹲坐状，面型方圆，眼珠突出，裸上身，双手上举，承托灯盏。灯盏呈圆形浅盘状。

虎纹石灯

北魏〔386—534〕

灯盏直径 10 厘米，通高 11 厘米
大同市博物馆藏

砂岩。方形台座上雕一卧虎，首尾相接，立耳瞪目，张口。虎身之上为一圆形浅盘状灯盏，灯盏及虎身上刻线纹。

瑞兽石灯

北魏〔386—534〕

底座长 13 厘米，宽 12 厘米；通高 27 厘米
2010 年大同市御昌佳园北魏墓出土

砂岩质。圆形浅盘灯盏，圆柱形灯柱，四神兽（一残）蹲坐于方形石座上，两两相对，四爪紧抱灯柱，头伸向灯盏内。方底四方足浮雕龙纹及团花，生动传神。

北魏平城

丝路文物

陶器

彩绘杂技胡俑

北魏〔386—534〕

陶俑高 24.6~27.7 厘米
2000 年大同市雁北师院北魏墓出土

灰陶着彩，1 组 9 件。陶俑均深目高鼻，7 件站立陶俑均头戴毡帽，身着圆领长袍，脚蹬皮靴，具有典型的胡人特征。中间顶竿者头高高仰起，额上顶竿，左手扶竿，右手叉腰。二童子处于高竿之上，上部童子以竿顶腰，四肢下垂；下部童子双腿夹竿，头和胳膊向后扬起，作高空表演。这是一组以杂技表演为主，旁有乐队伴奏的乐舞百戏组合，再现了北魏首都平城百戏杂技演出的真实场景。

釉陶胡人俑

北魏太和八年〔484〕

通高 26 厘米，宽 7.7 厘米
1965 年大同市石家寨司马金龙夫妇墓出土

灰陶，酱釉。陶俑均深目高鼻，大眼突出，脸部涂白彩，红唇，画黑色胡髭。双手向前平举，或左手上屈，似手持乐器作演奏状。头戴风帽，身穿圆领窄袖长衣，侧摆开叉，足蹬长靴，相貌、服饰具有胡人形象特征。

伎乐俑

北魏〔386—534〕

通高 24~26 厘米，宽 10~13 厘米
2013 年大同市御昌佳园北魏墓出土

灰陶，1 组 7 件。陶俑均为深目高鼻的胡人形象，面带笑容，脸色陶醉，肚臀外凸，双腿分开。头发于额顶挽成发髻，也有头戴毡帽者，身着交领或圆领窄袖长袍，腰系革带，袍边底部侧摆开叉，足蹬靴。中央一人仰面朝天，左手叉腰，右手高抬至额头扶竿，作顶橦状。其余六人分列两边，三人分别持排箫、琵琶和鼓演奏，另两人吹奏管状乐器，剩余一人似在鼓掌。这是一组乐舞百戏组合，再现了北魏首都平城百戏杂技演出的真实场景。北魏时期继承、融合并发展了中原传统和外来的杂技艺术，形成了丰富多彩的表演形式。

伎乐俑

北魏〔386—534〕

通高 19 厘米，最宽 9 厘米
2013 年大同市御昌佳园北魏墓出土

灰陶。5 件，均为女俑，面容秀丽，坐姿，头戴垂裙帽，身着交领窄袖长襦。姿势不一，左一持扁鼓演奏，左二应是吹奏管状乐器，中间者弹奏曲颈琵琶，右边二位似在分别演奏打击和弹弦类乐器。中原传统乐器与西域输入乐器相结合，营造出欢乐的氛围。

胡人俑

北魏〔386—534〕

残高 11.5 厘米，最宽 5.7 厘米，厚 3 厘米
2010 年大同市大同县陈庄北魏墓出土

灰陶。下部残。陶俑脸微向右侧上仰，深目高鼻，尖下颌，左手曲于胸前，右手残。头戴四棱方圆顶帽，身着左衽交领窄袖红色上衣，相貌、服饰具有胡人形象特征。

彩绘胡人伎乐俑

北魏太和元年〔477〕

通高 27.3 厘米，最宽 8.6 厘米
2000 年大同市雁北师院宋绍祖墓出土

灰陶。陶俑头微低，深目高鼻，双目半闭，右臂向上弯曲，右手平展，左小臂及手残失，似在演奏弹弦乐器。头戴毡帽，身着绿色交领窄袖长袍，袖口及下摆为红色边饰，腰系黑色大带，脚穿黑鞋，分腿站立，相貌、服饰具有胡人形象特征。

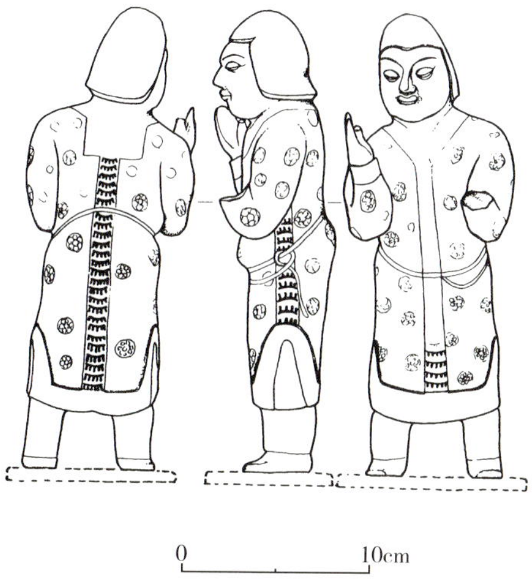

彩绘胡人杂技俑

北魏〔386—534〕

通高 31 厘米，最宽 12.5 厘米
2014 年大同市华宇商业文化中心北魏墓出土

灰陶着彩。深目高鼻，面带笑容，双手叉腰，肚臀外凸，两腿张开，站立于椭圆形底座上。头部高高仰起，额正中有一圆形孔，应为顶橦之处。头戴毡帽，身着圆领窄袖长袍，腰系革带，相貌、服饰具有胡人形象特征。

彩绘胡人伎乐俑

北魏〔386—534〕

通高 30.5 厘米，最宽 12 厘米
2014 年大同市华宇商业文化中心北魏墓出土

灰陶着彩。深目高鼻，面带笑容，双手半握，手心相对，似在吹奏横笛，肚臀外凸，站立于长方形底座上。头戴毡帽，身着圆领窄袖长袍，腰系革带，相貌、服饰具有胡人形象特征。

泥塑菩萨头像

北魏太和年间〔477—499〕

通高 13.2 厘米
1981 年大同市方山思远佛寺遗址出土

头戴宝冠，宝冠上部装饰残缺，下部饰一圈联珠纹，中间为一桃形装饰物。面部丰腴，长眉细目，耳朵轮廓形象逼真，耳垂上戴莲瓣形耳饰。

173

手持莲蕾佛像残件

北魏太和年间〔477—499〕

残高 10.8 厘米，残宽 6.6 厘米
1981 年大同市方山思远佛寺遗址出土

泥质，为佛像胸部右侧残块。帔帛自肘部向上弯曲，上臂藏于帔帛之内，手握莲蕾枝。帔帛残存赭石色彩。

泥塑菩萨头像

北魏太和年间〔477—499〕

通高 11.6 厘米
1981 年大同市方山思远佛寺遗址出土

头部左侧残，头发后背，头形浑圆，面相稚嫩，五官娇小，模样如孩童。长弯眼，眼角细长，嘴角窝较深，面带微笑，面部有四个圆形小凹坑。

泥塑菩萨头像

北魏太和年间〔477—499〕

通高 10.5 厘米
1981 年大同市方山思远佛寺遗址出土

仅存头部左半侧，头顶部残缺，头发后背，高鼻，两嘴角较深，耳朵轮廓清晰，耳垂上戴一莲瓣形耳饰。

彩绘陶马

北魏〔386—534〕

长 38.3 厘米，高 32.3 厘米
2000 年大同市雁北师院北魏墓出土

灰陶着彩。骏马曲颈伫立，马头顶部鬃毛细腻整齐，双目熠熠有神，鼻孔翕张，马嘴紧闭，作静声状。颈配条带，下系铃铛。马身正中置马鞍，鞍仿皮革制，鞍下马腹两侧配障泥，以遮蔽尘土。马全身绘有黑色或红色网状纹。

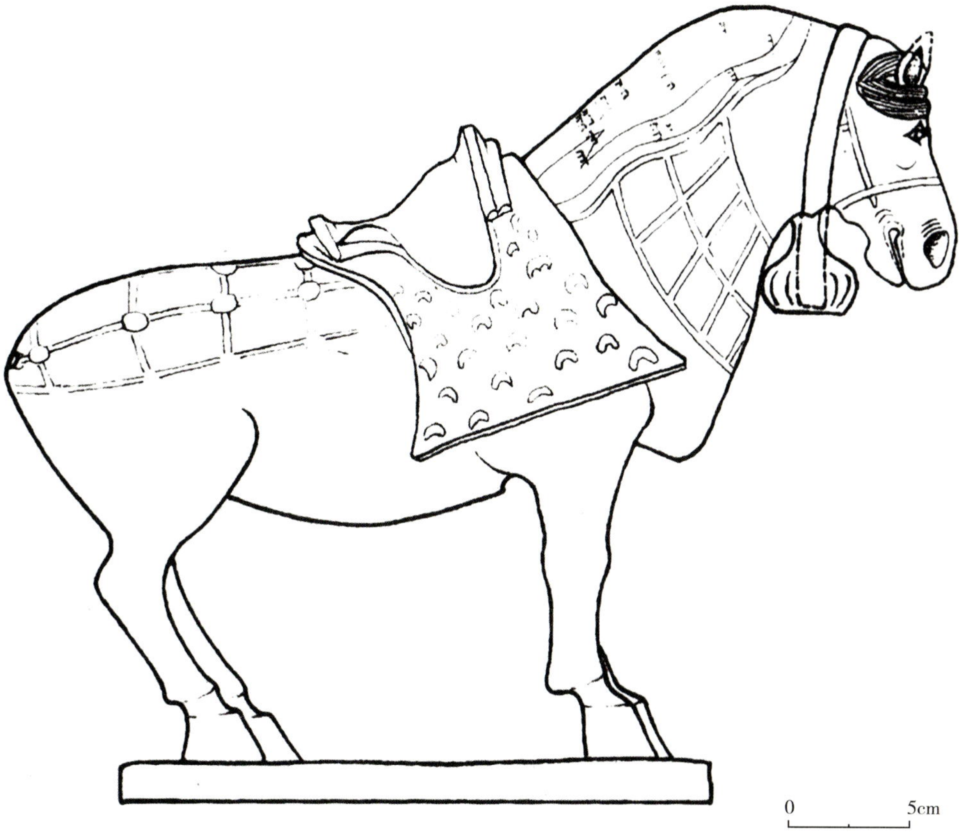

彩绘陶马

北魏〔386—534〕

长 38.1 厘米，高 31.5 厘米
2000 年大同市雁北师院北魏墓出土

灰陶着彩。黑色辔头，双耳直立，嘴巴大张，作嘶鸣状。颈佩红色条带，下系红色辔铃。马脊施黑色彩底，作白色弧状轮廓线，中间有白、红两色相间描绘的几何图案。马背上置红色马鞍和黑边忍冬纹障泥。网格纹胸带和后鞧带用黑线勾描。

彩绘陶马

北魏〔386—534〕

长 37.5 厘米，高 33.5 厘米
2000 年大同市雁北师院北魏墓出土

红陶着彩。红色辔头，双耳残，嘴巴大张，作嘶鸣状。颈佩红色条带，条带上有白色小圆圈图案，下系红色辔铃，铃上用黑线勾描图案。马脊涂红色底彩，上有弧线组成的连续图案。马背上置红色马鞍和障泥。障泥边框线涂红色，内用红、黑两色装饰花卉图案。后鞧带用红线勾描，呈长方形网格状，纵横交叉处有白色小圆饼装饰。马蹄为红色。

釉陶舞马

北魏太和八年〔484〕

长 32 厘米，高 39 厘米
1965 年大同市石家寨司马金龙夫妇墓出土

灰陶酱釉。舞马体形健美，外貌奇特，头部向左微倾，嘴巴大张，作嘶鸣状，表情夸张；左前蹄向上奋起，右前蹄作直立支撑状，似在进行舞蹈表演。

灰陶舞马

北魏〔386—534〕

长 33.3 厘米，高 35.7 厘米
2000 年大同市雁北师院北魏墓出土

灰陶着彩。双耳残，目光炯然，嘴巴大张，作嘶鸣状。脖颈有力，侧伸骧起，臀肥体壮，肌肉紧致。三蹄着地，右前蹄向上奋起，呈舞蹈状。颈佩红色条带，下系黑色銮铃。马脊饰红色底彩，图案已模糊不清。后鞧带用黑线勾描，呈长方形网格状。马腹与底座之间另塑一长方形立柱，以保证马体在底座上的稳固。

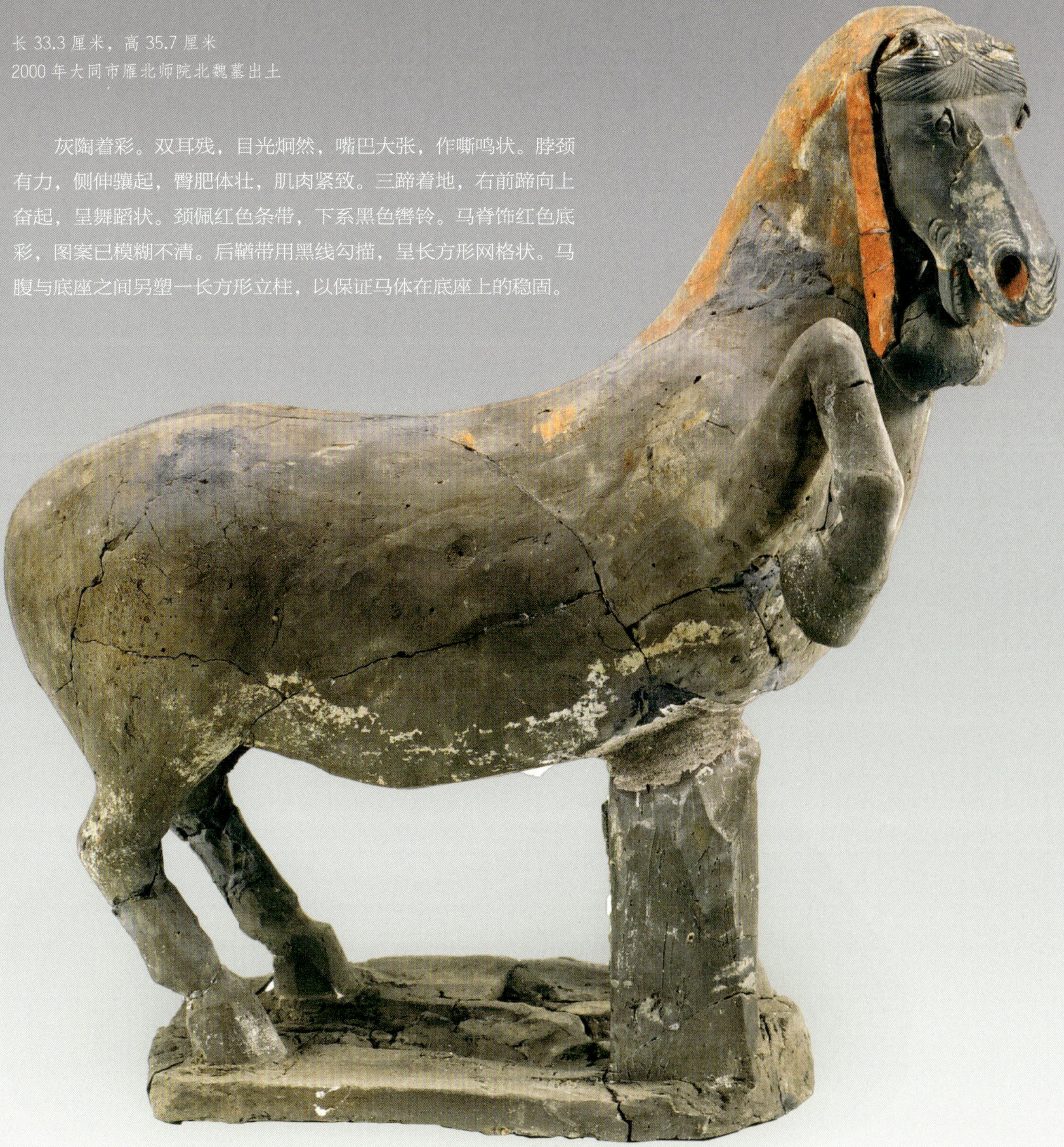

釉陶马

北魏太和八年〔484〕

长 41.6 厘米，高 30.2 厘米
1965 年大同市石家寨司马金龙夫妇墓出土

灰陶黑釉。马首微低内勾，目视下方，头顶部的鬃毛以马耳为中心围绕颈部盘起，并以丝带约束。颈部长鬃下披，臀肥体壮，四肢健美有力，温驯平和，写实性强。

驮粮马

北魏太和八年〔484〕

长 41.6 厘米，高 30.2 厘米
1965 年大同市石家寨司马金龙夫妇墓出土

红陶绿釉。马首微低内勾，目视下方。四肢健美有力，臀肥体壮。马身前倾，背驮粮袋，温驯平和，写实性强。

釉陶骆驼及牵驼俑

北魏太和八年〔484〕

驼高 31.5 厘米，牵驼胡俑高 20 厘米
1965 年大同市石家寨司马金龙夫妇墓出土

灰陶。骆驼通体施酱釉，昂首曲颈，目视前方，双峰高耸，呈站立状，似整装待发。牵驼胡俑施青绿色釉，深目高鼻，左手叉腰，右手平举，作牵引状，侧身仰视骆驼。胡俑头戴尖顶圆帽，帽边有穗，身着圆领窄袖及膝长衣，侧摆开叉，腰系带，足蹬靴。这组器物是对平城时代丝绸之路国际贸易的形象注解。

釉陶骆驼

北魏太和八年〔484〕

高 32.2 厘米
1965 年大同市石家寨司马金龙夫妇墓出土

灰陶黑釉。骆驼呈站立状，昂首曲颈，颈部弯而长，双耳竖立，目视前方，鼻孔翕张，张嘴嘶鸣，双峰高耸，脚掌宽大，体态健壮，造型生动逼真。

陶骆驼

北魏〔386—534〕

高 23.4 厘米
1999 年大同市南郊田村北魏墓出土

浅黄褐色泥胎。小耳，圆眼，鼻孔翕张，嘴巴微张，双峰，四腿直立，尾已佚失。

陶骆驼

北魏〔386—534〕

高 28.5 厘米
2000 年大同市雁北师院北魏墓出土

灰陶。骆驼目睁耳竖，鼻孔翕张，嘴巴大张，作昂首引颈嘶鸣状。腹部略下垂，前驼峰向左扭摆，后驼峰向右扭摆，四腿直立。

陶骆驼

北魏〔386—534〕

高 15 厘米
2000 年大同市雁北师院北魏墓出土

灰陶。驼首上昂，双耳直立，双目圆睁，张口欲鸣，驼身肥壮，腹部着地，前驼峰向右扭摆，后驼峰向左扭摆，一前一后、一右一左，刻画得细腻逼真。卧驼前腿跪伏，后腿弯曲，似欲起身站立，造型十分生动。

陶驴

北魏〔386—534〕

长 12.9 厘米，高 7.8 厘米
2010 年大同市大同县陈庄北魏墓出土

灰陶，捏塑。形体笨拙，低矮瘦小，两耳竖直，四蹄直立，驴尾粗硕下垂。驴身置鞍，鞍上置粮袋。眼、鬃毛刻画清晰。

陶狗

北魏〔386—534〕

左：长 38 厘米，高 12 厘米；
右：长 27 厘米，高 26.5 厘米
1986 年大同县蔡庄村北魏墓出土

灰陶。一作蹲踞状，双耳硕大、下垂，双眼圆睁，目视前方，牙齿外露，颈系带环项圈。一为卧姿，双耳下垂，双眼圆睁，张口呈咬噬状，颈系项圈，尾巴细长卷曲。两只狗脊背、四肢塑造清晰，神态专注逼真，形象生动，具有“波斯狗”的外形特征。

197

灰陶壶

北魏〔386—534〕

口径 8.6 厘米，底径 6.8 厘米，通高 20 厘米
1988 年大同市南郊北魏墓出土

宽平沿，沿面上有一周凸棱，侈口外展，细颈，宽圆肩，鼓腹下收，小平底。颈上部饰一周竖向暗纹，其下为一周凹弦纹带和一周水波纹带。肩上部为一周放射线状暗纹，中部为一周凹弦纹夹滚印的忍冬纹带，下部为一周网状暗纹。腹部从上向下依次为划压的方格纹带、凹弦纹夹忍冬纹带、复线水波纹带、复线凹弦纹带及折线状暗纹。

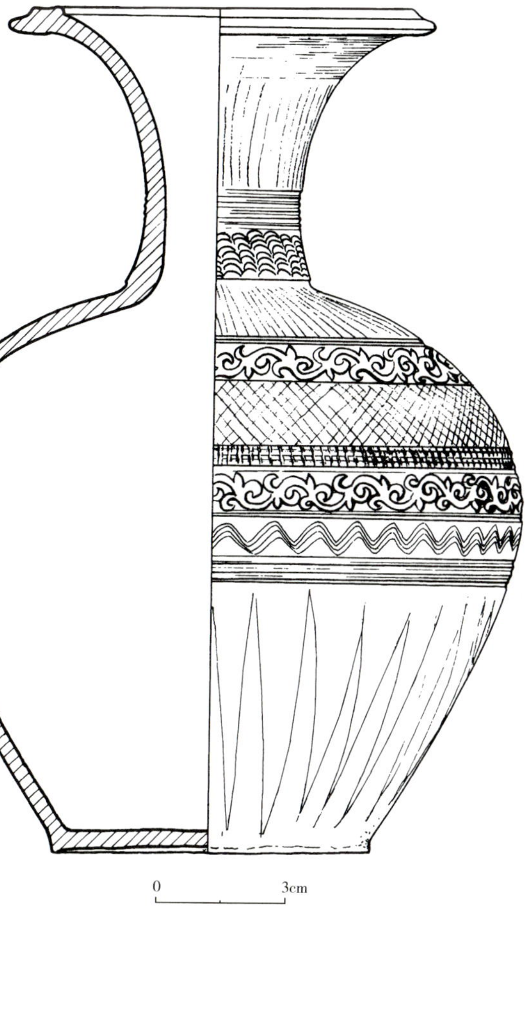

灰陶罐

北魏〔386—534〕

口径 14.2 厘米，底径 8.3 厘米，通高 20 厘米
1988 年大同市南郊北魏墓出土

平沿，沿面上有一周凸棱，敞口，短粗颈，广肩，鼓腹，小平底。颈部饰两周复线水波纹，颈下部有一周凸弦纹。肩部从上到下依次为放射状暗纹、凸弦纹夹滚印的忍冬纹带、网状暗纹。腹部从上向下依次为一周划压的方格纹带、两周复线水波纹带、一周复线凹弦纹带，下腹划竖向暗纹。

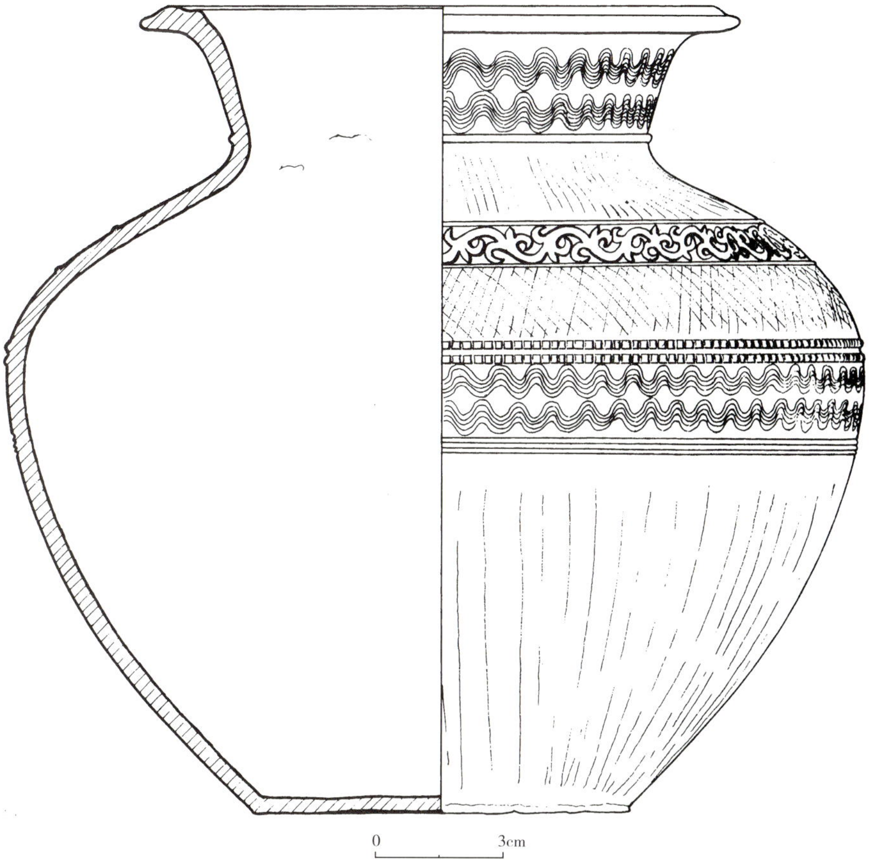

盘口莲瓣纹釉陶罐

北魏〔386—534〕

口径 10.4 厘米，底径 6.4 厘米，通高 17.9 厘米
2001 年大同市七里村北魏墓出土

红陶胎，通体施酱釉，釉层较薄，釉面光亮。浅盘口，方唇，粗颈，圆肩，鼓腹下收，小平底。颈、肩、腹均饰弦纹，肩部堆塑一周覆莲，是北魏时期的釉陶佳品。

釉陶壶

北魏〔386—534〕

口径 9.2 厘米，通高 17.5 厘米
大同市博物馆藏

红陶胎，通体施酱釉，釉质较粗。宽平沿，侈口外展，细颈较长，溜肩，鼓腹下收，小平底。肩部饰十二瓣复瓣莲花纹，腹部饰多道弦纹。

镶嵌玻璃带盖酱釉陶尊

北魏〔386—534〕

口径 9.4 厘米，底径 12.4 厘米，通高 32.4 厘米
2001 年大同市七里村北魏墓出土

红陶，通体施浅酱釉。器盖形状为直壁三足尊，表面饰弦纹和水波纹，内穿五孔，有子母口与器身扣合。器身口外侈，方唇，短颈，圆肩，肩部装设一錾，相对应处有一孔，鼓腹，圈足。颈、肩、腹部饰弦纹。肩部堆塑菱形、月牙形和桃形图案，图案内镶嵌玻璃，外饰一周联珠纹，形成宝珠纹饰，是对波斯萨珊金银器上常见纹样的借鉴。外来玻璃制作技术的运用影响了北魏釉陶的装饰风格，提高了艺术性和观赏性。

莲纹镶嵌玻璃酱釉陶罐

北魏〔386—534〕

口径 11 厘米，底径 9 厘米，通高 18.3 厘米
2013 年大同市御昌佳园北魏墓出土

红陶胎，通体施酱黄釉，釉层较薄，釉面光亮，呈黄褐色。口微侈，斜短颈，广肩，鼓上腹，下腹急收，小平底。颈、肩、腹均饰弦纹。颈、肩交接处堆塑一圈覆莲瓣，肩部堆塑着桃形、菱形图案，每个图案的内部嵌以淡绿色玻璃，用联珠纹做外框进行装饰，形成宝珠纹，具有典型的西域风格，展现出陶罐繁丽华美的艺术风格，是北魏时期的釉陶佳品。

嵌玻璃釉陶罐

北魏〔386—534〕

口径 12.5 厘米，底径 7.9 厘米，通高 21.5 厘米
2013 年大同市御昌佳园北魏墓出土

红陶胎，通体施酱釉，釉面光亮。浅盘口，方唇，粗颈，圆肩，鼓腹下收，小平底。颈、肩、腹均饰弦纹。肩部桃形和菱形图案内镶嵌玻璃，外饰一周联珠纹，形成宝珠纹饰。

带盖龙纹釉陶罐

北魏〔386—534〕

口径 12.5 厘米，通高 26.5 厘米
大同市博物馆藏

泥质红陶，通体施酱釉。盘口略外撇，长粗颈，圆肩，鼓腹下收，平底。颈下部堆塑一圈莲瓣纹。肩、腹交接处堆塑龙纹。莲瓣纹与龙纹之间装饰多枚莲花瓣和菱形，内嵌玻璃。盖顶上装饰一宝珠钮，周围围绕莲花纹和云龙纹。该盖罐为中西文化艺术融合的产物。

陶盆

北魏〔386—534〕

口径 31.6 厘米，底径 19.6 厘米，高 6.4 厘米
1999 年大同市南郊田村北魏墓出土

泥质灰陶。敞口，平折沿，弧腹斜收，平底。模印忍冬纹带将盆底分为四部分，将盆壁分为八部分。盆底中央为八瓣莲花纹，盆底四个部分中模印四条鱼。盆壁八个部分分别模印四叶忍冬纹和五珠纹。盆口沿及外壁施红彩。

釉陶莲纹砖

北魏〔386—534〕

长 30 厘米，宽 17.6 厘米，厚 4 厘米
大同市博物馆藏

泥质红陶，正面及一个侧面施酱釉。砖正面模印两朵相同的莲花纹，中央为凸起的大乳钉，周围饰一周联珠纹，联珠纹外为一周凸弦纹，外围饰两周六瓣复瓣宝装莲花纹，空隙处点缀宝珠纹和联珠纹。背面饰绳纹，两长端侧立面分别模印忍冬纹与水波纹。

釉陶莲纹砖

北魏〔386—534〕

长 30.5 厘米，宽 18 厘米，厚 4.5 厘米
大同市博物馆藏

黄褐陶酱釉。正面为两朵相同的莲花纹，每朵莲花当心为大乳钉，莲瓣饱满，两朵莲花之间饰以宝珠，空隙处点缀联珠纹。

莲花铺地砖

北魏〔386—534〕

长 33 厘米，宽 26 厘米，厚 6.5 厘米
2009 年大同市御东规划路北魏墓出土

砖面纹饰为模制阳文，仰莲居中，周饰莲瓣纹，长方形外框外环饰缠枝忍冬纹，边际为联珠纹。整个纹饰精细繁缛，布局匀称巧妙，富丽堂皇，反映了当时人们的审美情趣和社会习俗。

莲花忍冬纹墓砖

北魏〔386—534〕

长 31 厘米，宽 15.7 厘米，厚 5.9 厘米
大同市博物馆藏

泥质灰陶。单面模印花纹，正面中央为乳钉纹，周围环绕两周凸弦纹，外围一周似龙纹，龙纹外为一周宝装莲花纹。砖四角各有圆形莲瓣纹的四分之一，纹饰空隙处饰涡纹。砖背面饰绳纹，四侧立面素面。

瑞兽莲花纹墓砖

北魏〔386—534〕

长 35.7 厘米，宽 17.3 厘米，厚 5.8 厘米
1993 年大同市怀仁县城北魏丹扬王墓出土

泥质灰陶。单面模印瑞兽莲花纹。正中为双层相套的圆环，内环中心为莲子，环绕八个莲瓣，外环内为双莲瓣，环外饰联珠纹。两端各有一瑞兽，口吐长舌，细尾下卷，沿莲花作行走状。瑞兽周边饰忍冬纹。砖背面饰绳纹，四侧立面为素面。

双鸟莲花忍冬纹墓砖

北魏〔386—534〕

长 36 厘米，宽 17 厘米，厚 5.2 厘米
1993 年大同市怀仁县城北魏丹扬王墓出土

泥质灰陶。单面模印双鸟莲花忍冬纹。主图案呈方形，中心为八片莲瓣环绕成的莲花，中有莲子。莲瓣四角各向外伸出一枝植物纹，植物主干两侧对生三组叶片，顶端有一较大的叶片，空隙处各有一组忍冬纹填充，四周为绹索纹。两侧各有一鸟口衔缠枝葡萄和绹索纹。砖背面饰绳纹，四侧立面为素面。

莲花纹瓦当

北魏〔386—534〕

直径 14.8 厘米，厚 2 厘米
大同市博物馆藏

泥质灰陶。当心由一组涡旋纹组成，外围饰一周联珠纹。当面为六瓣复瓣宝装莲花纹，其外为一周凸弦纹，边轮饰一周联珠纹。

莲花纹瓦当

北魏〔386—534〕

直径 13.5 厘米，厚 2.1 厘米
1955 年大同市六一六厂北魏墓出土

泥质灰陶。中心为一大乳钉，外围一周联珠纹，当面为六瓣复瓣宝装莲花纹，叶瓣比较肥硕。

莲花纹瓦当

北魏〔386—534〕

直径 14 厘米，厚 2 厘米
大同市博物馆藏

泥质灰陶。当心为涡旋纹，外面饰一周联珠纹。当面为六瓣复瓣宝装莲花纹，其外为一周凸弦纹，凸弦纹外为一圈联珠纹。

莲花化生童子瓦当

北魏〔386—534〕

直径 14.5 厘米，厚 1.5 厘米
大同市博物馆藏

泥质灰褐陶。化生童子面庞圆润，两耳垂肩，上半身立在中央，双手合十，帔帛从身后顺臂绕进肘间，周围有八朵双莲瓣环绕，莲瓣丰满圆润。莲瓣外围饰一周联珠纹。莲花、莲花化生童子均是佛教艺术的常见元素，反映了北魏平城时期佛教对建筑装饰风格的影响。

莲花化生童子瓦当

北魏〔386—534〕

直径 15 厘米，厚 2 厘米
1995 年大同市金属镁厂北魏墓出土

泥质灰褐陶，略残。化生童子面庞圆润，两耳垂肩，上半身立在中央，双手合十，帔帛从身后顺臂绕进肘间，周围环绕重层双莲瓣，莲瓣丰满圆润。边轮较窄且高，磨光。

莲花化生童子瓦当

北魏〔386—534〕

直径 15.5 厘米，厚 1.5 厘米
大同市博物馆藏

泥质灰陶。化生童子造型简练，轮廓清晰，面庞圆润，双耳垂肩，上半身立在仰莲莲心中央，双手合十。

莲花纹椽当

北魏〔386—534〕

直径 13.5 厘米，方孔边长 3.5 厘米
大同市区建筑工地采集

灰陶质，护椽头之构件。中心为方形孔，孔外饰一周联珠纹。当面为六朵双瓣莲花纹，莲瓣肥厚。

后记

北魏时期，作为丝绸之路东端的起点，平城是中西方文化汇聚与交融之地。为集中展示北魏时平城文化的丰富与繁荣，我馆特选取大同地区出土的这一时期的珍贵文物编撰成书。因受疫情影响，本书从策划到最后出版，历时两年才得以完成。此项工作由曹臣明副馆长全面负责，文物的选取及文物说明的撰写则分工合作，其中张雁红负责金银器、玻璃器部分，崔长春负责玛瑙、宝石部分，薛琴琴负责石雕部分，赵璐负责陶塑部分。

本书的顺利出版离不开我馆各部门的积极配合与努力工作，尤其是保管部的吴中华、丁艳红，陈列部的白月、张晶晶、何昊，科保部的唐慧娟、贾延勤，摄影部的李航及北朝博物馆的同事们，都做了大量工作。此外，本书的责任编辑秦艳兰及排版设计师为图书的出版付出诸多努力，在此谨表感谢！

图书在版编目（CIP）数据

北魏平城丝路文物 / 大同市博物馆编 .—太原：三晋出版社，2023.10

ISBN 978-7-5457-2651-0

Ⅰ. ①北…Ⅱ. ①大…Ⅲ. ①丝绸之路—历史文物—大同—图集Ⅳ. ①K860.2

中国国家版本馆 CIP 数据核字（2023）第 201582 号

北魏平城丝路文物

编　　者：大同市博物馆
责任编辑：秦艳兰
责任印刷：李佳音
装帧设计：我在文化工作室

出 版 者：山西出版传媒集团・三晋出版社
地　　址：太原市建设南路 21 号
电　　话：0351-4956036（总编室）
　　　　　0351-4922203（印制部）
网　　址：http://www.sjcbs.cn

经 销 者：新华书店
承 印 者：山西印美文化科技有限公司

开　　本：889mm×1194mm　1/16
印　　张：14.75
字　　数：100 千字
版　　次：2023 年 10 月　第 1 版
印　　次：2023 年 12 月　第 1 次印刷
书　　号：ISBN 978-7-5457-2651-0
定　　价：298.00 元

如有印装质量问题，请与本社发行部联系
电话：0351-4922268